Paroles de fée

7 belles idées pour la vie

La vie est une aventure audacieuse
ou elle n'est rien.

Helen Keller

Ce livre est né d'une envie de partager avec les plus jeunes des livres que j'ai sur ma table de chevet et bien souvent dans mes bagages.
Merci à Deepak Chopra auteur de «Les 7 lois spirituelles du succès».

7 belles idées pour la vie.

- La vie est comme un océan.
Elle va, tourbillonne puis se repose, mais est toujours en mouvement.
Elle prend ce qu'on lui donne, s'en enrichit, ou bien va le déposer un peu plus loin sur la rive.

Nous sommes cet océan, nous sommes cette énergie.
Il tient à chacune et chacun d'entre nous de créer ce mouvement, de donner vie à la vie.

Nous pouvons faire tout et n'importe quoi sans prendre le temps de réfléchir. Nous risquons alors de nous cogner aux rochers, d'être submergés par certaines vagues, nous risquons de nous blesser et de blesser ceux qui nous entourent.

Nous pouvons aussi faire le choix de prendre un peu de temps, une pause de temps à autre, et de nous demander de quoi nous désirons nourrir notre vie, de quoi nous voulons l'embellir.

Il n'y a pas de recette miracle pour donner vie à notre vie, mais il y a de belles idées… En voici 7.

Tu es magique.

N'oublie pas de t'émerveiller.

Petites penseées tome 2

- Il y a une chose que tu ne dois jamais oublier : tu es magique.*

- Magique ?

- Oui, nous avons tous tendance à oublier cette magie.
Nous sommes pris par ce qui fait notre vie sociale, le travail, les études, et nous oublions notre vie magique.
Et pourtant, cet état magique, quand nous le retrouvons, nous aide tous les jours.
Il nous apporte la légèreté, il nous aide à voir les choses différemment, à ne pas donner trop d'importance à certains faits et à ne pas oublier que de petites choses sont très importantes !
Cette magie nous porte, nous permet de voir la vie autrement.

- Et comment faire pour ne pas l'oublier ?

- Voici la recette :
• Ferme les yeux, souris, respire.
• Puis regarde ton monde intérieur. Par exemple, vois tes vallées, tes mers et tes montagnes, regarde comme ta nature est belle et promène-toi, tranquille. Ecoute le bruit des vagues, le chant des oiseaux. Mets les pieds dans l'eau, ressens cette fraîcheur. Assieds-toi au pied d'un arbre et respire.
• Puis souris, ouvre les yeux.

Fais cette promenade une ou deux fois par jour, durant quelques minutes.
Et chaque fois que tu es triste, fatigué, pas vraiment en forme, va faire un tour dans ton monde même si ce n'est que très peu de temps.
Où que tu ailles, où que tu sois, ta nature intérieure est là, tranquille. Tu la portes en toi. Il est très important d'y faire attention, de ne pas la polluer.
Une chose que tu peux faire pour ne pas abîmer ce monde intérieur est de ne pas porter de jugement.
D'accueillir ainsi ce qui arrive dans ta vie te permet de gagner en légèreté.

Et bien-sûr, n'hésite pas à aller te promener dans la nature dès que tu en as l'occasion.
Et pense à prendre du temps pour regarder l'herbe pousser !
C'est important !

* Voir Paroles de Fée, nous sommes des fées et des enchanteurs.

Semer de belles graines.

*C'est en prenant le bien à la racine
qu'on peut le faire grandir.*

Petites pensées tome 4

- Ta vie est comme un jardin, ce que tu sèmes, tu le récolteras.
Les choix que tu fais dans ta vie sont des graines.
Bien souvent, nous ne sommes pas conscients des graines que nous semons, des choix que nous faisons, et nous sommes étonnés de trouver dans notre jardin des plantes que nous ne désirons pas.

- Alors que nous les avons semées !

- Tu as tout compris !

- Alors comment choisir les bonnes graines ?

- Pour faire le bon choix, pose-toi quelques questions :

• Est-ce que le choix que tu fais sera source de bonheur pour toi ?

• Ce choix sera-t-il source de bien-être pour les autres ?

• Te sens-tu bien physiquement quand tu penses au choix que tu fais ? Est-ce que ta respiration est légère ?
Ou bien est-ce que ta respiration se fait plus saccadée, comme si tu avais un poids sur le cœur ?

- Je crois que je comprends…

- J'en suis sûre ! Ce sont en grande partie les choix que tu as faits à un moment donné, consciemment ou inconsciemment, qui font de ta vie ce qu'elle est.
Ce que tu vis aujourd'hui est le résultat des choix que tu as fait dans le passé. Par exemple, quand quelqu'un t'insulte, tu peux faire le choix d'être vexé.

- C'est normal !

- C'est un réflexe. Mais tu peux aussi laisser

l'insulte passer près de toi sans la retenir. Tu peux faire le choix en toute conscience de n'être pas vexé. Et ainsi tu auras semé une jolie graine.

- Alors que si j'avais été vexé, j'aurais eu de la rancœur… et ça ne fait pas de très belles fleurs !

- Oui, c'est tout à fait ça ! Je vois que tu es un bon jardinier ! Quand tu vis certaines choses désagréables, comme par exemple perdre quelque chose auquel tu tiens, tu peux te poser la question :
Qu'est-ce que je fais de cette expérience ? Quel choix vais-je faire ?
Est-ce que je fais le choix de pleurer, de m'en vouloir, de souffrir ?
Ou bien, est-ce que je fais le choix de tirer quelque chose de positif de cette expérience ?

- Je ne vois pas ce qu'il peut y avoir de positif !

- Toute expérience est utile ! Tout dépend de la manière dont tu la regardes. Quand il t'arrive une expérience désagréable, prends le temps de trouver la façon dont elle va t'être utile. Pour l'objet perdu, transforme cette perte en don ! Dis-toi que l'objet n'est pas perdu pour tout le monde, qu'une personne sera très heureuse de l'avoir ! Tu peux aussi prendre conscience que ton bonheur ne dépend pas de cet objet !

Chaque problème apparent détient une solution.

Ton bonheur réside dans le fait de savoir prendre le temps de découvrir ce que t'apporte cet évènement qui ressemble tant à un problème !

Donner et recevoir.

Donne, encore et encore,
va vers les autres, encore et encore,
ne laisse rien ni personne te décourager.

Les bagatelles du chevalier Arthur et deux autres contes

Donner est une des plus belles idées de la vie, elle en est l'énergie et le cœur même.
Chaque fois que tu donnes, tu t'enrichis. Tu ne perds rien, tu y gagnes, c'est magique !
Donner et recevoir vont ensemble. Ils sont les deux faces d'une même pièce.
D'un côté donner, offrir, de l'autre côté, recevoir.
Ce que nous donnons, nous le recevrons. C'est aussi simple que cela !

- Alors il faut faire attention à ce que nous donnons !

- Exactement ! Donne ce que tu souhaites recevoir, et surtout donne-le de bon cœur !

Ce qui est donné du bout du cœur ne compte pas.
C'est ainsi !

- Mais si je n'ai rien à donner ?

- On a toujours quelque chose à donner. Penser que tu n'as rien à offrir, c'est t'appauvrir.
Tu peux être riche d'un regard, d'un sourire, d'un service rendu. N'aie pas peur d'être riche !
Bien souvent, on a peur de s'appauvrir,
mais peut-on s'appauvrir d'un sourire ?

Bien choisir son énergie.

L'enfance de l'âme sera rendue à chacun
si celui-ci sait écouter, et toi, tu sais !

Les Porches de Zantalie

- Bien souvent on te parle de l'effort.

- Ah oui alors !

- Alors pour changer, je vais te parler des pommiers ! Un pommier fait des pommes, c'est dans sa nature. C'est ce qu'il fait de mieux ! Il le fait sans trop d'effort, sans lutter, en acceptant le vent et le soleil.
Bien sûr, il va se retrouver confronté à des tempêtes et essaiera de rester debout. Mais malgré toutes les difficultés, il continuera de faire des pommes.

- Quel rapport avec moi ?

- Tu dois faire comme le pommier.
Faire ce qui est le plus naturel pour toi : donner vie à tes rêves.
Le tout est de trouver ce que tu fais de mieux, ce qui te met en joie, ce que tu fais avec amour, et le faire.

Si tu es en accord avec ta vraie nature, si tu utilises l'amour et le plaisir comme énergie, alors tout se fera avec un moindre effort dans la justesse et la douceur.

Laisse-toi porter par ton désir. Ne cherche pas à convaincre, à vouloir avoir raison. Accepte sereinement le moment présent tel qu'il est car tu ne peux le changer, et crée ton avenir car il est entre tes mains.

Utilise bien ton énergie.
Ne la gaspille pas.
Si dans ta vie tu fais les bons choix,
tu avanceras facilement, sereinement.
L'Univers mettra tout ce qui est en son pouvoir pour te faciliter la vie !

Souhaiter et avoir confiance

Voilà tout ce que je désire
Meilleur ou pire
Mon Dieu vous me le donnerez
Si vous voulez
Je ne demande pas grand-chose
C´est pourquoi j´ose
Vous dire que tout sera bien
Même si je n´ai rien

Charles Trenet,
(La fenêtre d'en haut)

- Souhaiter, désirer, c'est comme une respiration. Tu inspires, tu souhaites. Tu souffles, tu fais confiance à l'Univers pour la réalisation ou non de ce souhait.

- Et s'il ne se réalise pas...

- Quand tu souhaites quelque chose, il faut en même temps te détacher du résultat. Tu souhaites et tu sais que tout sera au mieux pour toi. Mais il faut que tu aies pleinement conscience que le mieux pour toi n'est pas obligatoirement ce que tu as souhaité !

Là encore c'est comme du jardinage ! Tu sèmes une graine, tu l'arroses, l'entretiens, mais il ne faut pas trop t'en occuper, trop l'arroser. Il ne faut pas non plus la déterrer pour voir où en sont ses racines !
Il faut faire confiance à la terre, au soleil.

- Et si elle ne pousse pas ?

- Et bien peut-être vas-tu découvrir tout près d'elle une autre plante, très belle, qui a poussé là parce que tu as arrosé et bêché. La graine était là, invisible mais bien présente.

- Alors je souhaite et c'est tout ?

- Non, tu souhaites et tu fais confiance. Peut-être le chemin pour arriver à ton souhait sera étonnant, peut-être te mènera-t-il autre part, mais ce chemin, si tu sais regarder, t'enrichira.

Aller tranquille et confiant vers ce qui est nouveau.

La vie est belle !

Les Porches de Zantalie

- Souvent il est plus facile de rester dans la situation dans laquelle on se trouve, même si elle ne nous convient pas. On préfère une situation inconfortable que l'on connaît, à une autre situation qui pourrait nous rendre plus heureux.

- C'est une drôle d'idée !

- Oui, mais la personne qui ne change pas se sent en sécurité, même si sa situation n'est pas celle qu'elle désire vraiment.
Ce qu'on connaît est le passé. On en connaît les forces mais aussi les faiblesses, on a déjà vécu ce passé, on sait

à quoi s'attendre. Il y aura peu de surprises. Mais on est en sécurité.

- C'est bien la sécurité !

- Oui, mais cette fausse sécurité qu'est le passé t'empêche d'avancer. Bien des personnes pensent être en sécurité alors qu'elles sont coincées dans leurs habitudes passées. Elles restent dans leur inconfortable sécurité alors qu'il serait plus sage d'aller vers l'incertain, vers ce qu'elles ne connaissent pas.

- Oui, mais quelquefois c'est difficile !

- Oui ! Se détacher du passé demande un peu de courage. Mais commencer une nouvelle étape, franchir cette frontière, aller vers l'incertain est source de vie.
L'incertain est le début de tout, c'est le moment où tout est possible.

- C'est l'aventure !

- Oui ! Alors fais de ta vie une aventure !

Ce qui te met en Joie.

Pense à sourire.

Petites pensées tome 1

- Garde toujours cela à l'esprit : tu es magique.

- Oui, je sais ! Tu me l'as déjà dit !

- Je sais, mais c'est tellement important que j'aime à le dire et à le redire ! Tu es magique, et comme toute personne tu as un talent, un talent bien à toi, bien particulier.

- Lequel ?

- Je ne sais pas. C'est à toi de le découvrir.

- Comment ?

- Quand tu te lèves le matin, qu'est-ce qui te met en joie ?

- Je ne sais pas...

- Tout vient au bon moment. Quand tu sauras ce qui le matin te met en joie, quand tu sauras pourquoi tu as envie de te lever, impatient de donner vie à ton talent, alors regarde comment tu peux en faire profiter les autres. Tu es magique et ta magie est dans ton talent et ta capacité à l'offrir autour de toi.